2,00 €

Morgenstern:

Hundert Gedichte

Christian Morgenstern

Hundert Gedichte

Parkland Verlag

Ausgewählt und zusammengestellt von
Walter Lewerenz

Mit Illustrationen von Klaus Ensikat

ISBN 3-88059-228-4

Lizenzausgabe des Parkland Verlages, Stuttgart
3. Auflage 1988
Schutzumschlag und Einband: Klaus Ensikat
Printed in the German Democratic Republic

Der Schnupfen

Ein Schnupfen hockt auf der Terrasse,
auf daß er sich ein Opfer fasse

– und stürzt alsbald mit großem Grimm
auf einen Menschen namens Schrimm.

Paul Schrimm erwidert prompt: „Pitschü!"
und hat ihn drauf bis Montag früh.

Palmström

Palmström steht an einem Teiche
und entfaltet groß ein rotes Taschentuch:
Auf dem Tuch ist eine Eiche
dargestellt sowie ein Mensch mit einem Buch.

Palmström wagt nicht, sich hineinzuschneuzen.
Er gehört zu jenen Käuzen,
die oft unvermittelt-nackt
Ehrfurcht vor dem Schönen packt.

Zärtlich faltet er zusammen,
was er eben erst entbreitet.
Und kein Fühlender wird ihn verdammen,
weil er ungeschneuzt entschreitet.

Der Träumer

Palmström stellt ein Bündel Kerzen
auf des Nachttischs Marmorplatte
und verfolgt es beim Zerschmelzen.

Seltsam formt es ein Gebirge
aus herabgefloßner Lava,
bildet Zotteln, Zungen, Schnecken.

Schwankend über dem Gerinne
stehn die Dochte mit den Flammen
gleichwie goldene Zypressen.

Auf den weißen Märchenfelsen
schaut des Träumers Auge Scharen
unverzagter Sonnenpilger.

Bahn frei!

Nur müßt ihr mich nicht halten wollen,
wenn die Rosse der Phantasie
vor meiner Geißel dahinrasen!
Wehe dem Schurken,
der mir in die Zügel fällt, –
siebenmal schleif ich ihn
um den Bezirk
meiner Welt.
Wehe vor allem dem Rezensenten,
der mir
mit höchst ungriechischem Feuer
den Weg bedräut.
Meine Peitsche ist länger noch
als seine Ohren,
von stärkerem Leder
als seine Hirnhaut,
die Schnur noch gespaltner
als seine Zunge.
Bahn frei!
Kurz ist zur Fahrt die Zeit.
Springt mit herauf,
wenn's euch lüstet!
Tausend gewähr ich Platz,
hier an den Mähnen,

hier an den Schweifen,
hier auf den Rücken der Rosse,
und hier oben bei mir
auf dem Wagen
weiteren tausend.
Herauf, Freunde!
Sturm um die Stirn,
Sonnen im Aug,
so laßt uns jauchzend
die tausendundein Weltwege
durchbrausen.

Die wirklich praktischen Leute

Es kommen zu Palmström heute
die wirklich praktischen Leute,

die wirklich auf allen Zehen
im wirklichen Leben stehen.

Sie klopfen ihm auf den Rücken
und sind in sehr vielen Stücken –

so sagen sie – ganz die Seinen.
Doch wer, der mit beiden Beinen

im wirklichen Leben stände,
der wüßte doch und befände,

wie viel, so gut auch der Wille,
rein idealistische Grille.

Sie schütteln besorgt die Köpfe
und drehn ihm vom Rock die Knöpfe

und hoffen zu postulieren:
er wird auch einer der Ihren,

ein Glanzstück erlesenster Sorte,
ein *Bürger*, mit einem Worte.

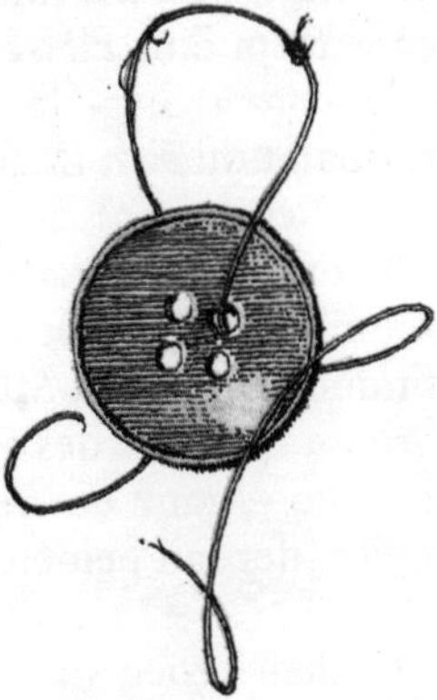

Der Ästhet

Wenn ich sitze, will ich nicht
sitzen, wie mein Sitz-Fleisch möchte,
sondern wie mein Sitz-Geist sich,
säße er, den Stuhl sich flöchte.

Der jedoch bedarf nicht viel,
schätzt am Stuhl allein den Stil,
überläßt den Zweck des Möbels
ohne Grimm der Gier des Pöbels.

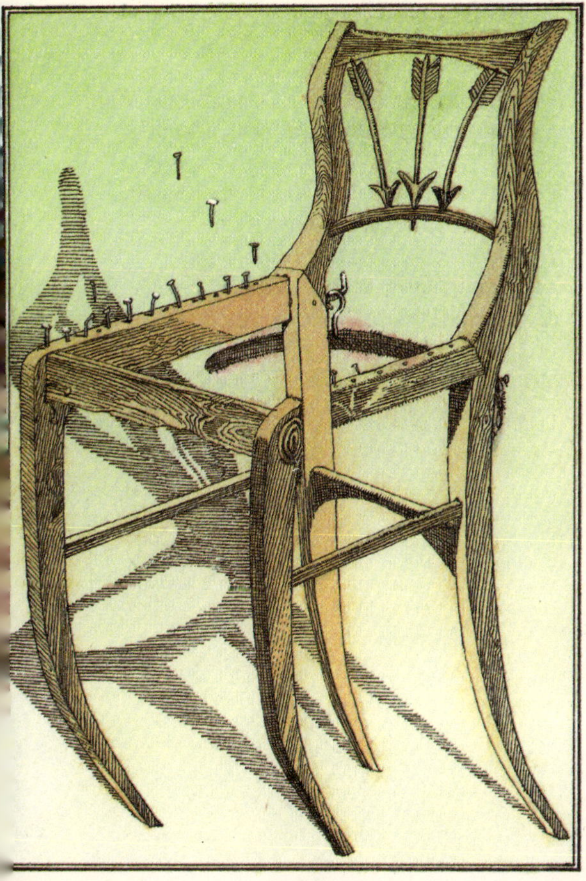

Herr Meier

Herr Meier hält sich für das Maß der Welt.
Verständlich *ist* allein, was *ihm* erhellt.

Herr Meier sagt, wozu doch eure Kunst,
wenn nicht für mich! Sonst ist sie eitel Dunst.

Noch mehr, bei weitem mehr: Herr Meier meint,
daß dann die Kunst im Grunde sträflich scheint.

Man muß sich eiligst von Herrn Meier wenden,
um nicht mit Mord und Raserei zu enden.

Wenn von links mich Feld und Dickicht riefe
und von rechts der Mensch der „bessern Kreise" –

zög ich meinen Hut in aller Tiefe
und begäbe mich zu Fuchs und Meise.

Denn was dort nicht dumm ist, ist verbogen.
Deutsche Bürgerwelt, du bist *verlogen.*

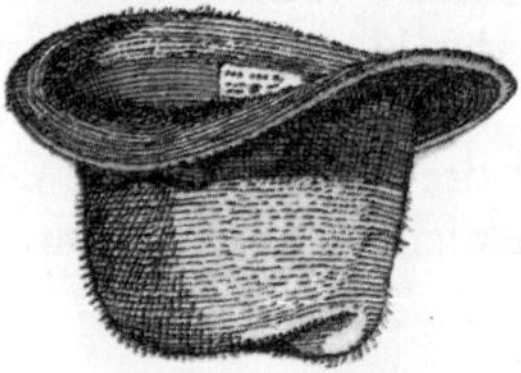

Die drei Spatzen

In einem leeren Haselstrauch,
da sitzen drei Spatzen, Bauch an Bauch.

Der Erich rechts und links der Franz
und mittendrin der freche Hans.

Sie haben die Augen zu, ganz zu,
und obendrüber, da schneit es, hu!

Sie rücken zusammen dicht an dicht,
so warm wie der Hans hat's niemand nicht.

Sie hör'n alle drei ihrer Herzlein Gepoch.
Und wenn sie nicht weg sind, so sitzen sie noch.

Die Enten laufen Schlittschuh

Die Enten laufen Schlittschuh
auf ihrem kleinen Teich.
Wo haben sie denn die Schlittschuh her –
sie sind doch gar nicht reich?

Wo haben sie denn die Schlittschuh her?
Woher? Vom Schlittschuhschmied!
Der hat sie ihnen geschenkt, weißt du,
für ein Entenschnatterlied.

Mägde am Sonnabend

Sie hängen sie an die Leiste,
die Teppiche klein und groß,
sie hauen, sie hauen im Geiste
auf ihre Herrschaft los.

Mit einem wilden Behagen,
mit wahrer Berserkerwut,
für eine Woche voll Plagen
kühlen sie sich den Mut.

Sie hauen mit splitternden Rohren
im infernalischen Takt.
Die vorderhäuslichen Ohren
nehmen davon nicht Akt.

Doch hinten jammern, zerrissen
im Tiefsten, von Hieb und Stoß,
die Läufer, die Perserkissen
und die dicken deutschen Plumeaus.

Kronprätendenten

– „Ich bin der Graf von Réaumur
und haß euch wie die Schande!
Dient nur dem Celsio für und für,
ihr Apostatenbande!“

Im Winkel König Fahrenheit
hat still sein Mus gegessen.
– „Ach Gott, sie war doch schön, die Zeit,
die man nach mir gemessen!“

Die Vogelscheuche

Die Raben rufen: „Krah, krah, krah!
Wer steht denn da, wer steht denn da?
Wir fürchten uns nicht, wir fürchten uns nicht
vor dir mit deinem Brillengesicht.

Wir wissen ja ganz genau,
du bist nicht Mann, du bist nicht Frau.
Du kannst ja nicht zwei Schritte gehn
und bleibst bei Wind und Wetter stehn.

Du bist ja nur ein bloßer Stock,
mit Stiefeln, Hosen, Hut und Rock.
Krah, krah, krah!"

Das Geierlamm

Der Lämmergeier ist bekannt,
das Geierlamm erst hier genannt.

Der Geier, der ist offenkundig,
das Lamm hingegen untergrundig.

Es sagt nicht hu, es sagt nicht mäh
und frißt dich auf aus nächster Näh.

Und dreht das Auge dann zum Herrn.
Und alle habens herzlich gern.

G· & L·

Die Behörde

Korf erhält vom Polizeibüro
ein geharnischt Formular,
wer er sei und wie und wo.

Welchen Orts er bis anheute war,
welchen Stands und überhaupt,
wo geboren, Tag und Jahr.

Ob ihm überhaupt erlaubt,
hier zu leben und zu welchem Zweck,
wieviel Geld er hat und was er glaubt.

Umgekehrten Falls man ihn vom Fleck
in Arrest verführen würde, und
drunter steht: Borowsky, Heck.

Korf erwidert darauf kurz und rund:
„Einer hohen Direktion
stellt sich, laut persönlichem Befund,

untig angefertigte Person
als nichtexistent im Eigen-Sinn
bürgerlicher Konvention

vor und aus und zeichnet, wennschonhin
mitbedauernd nebigen Betreff,
Korf. (An die Bezirksbehörde in –.)“

Staunend liests der anbetroffne Chef.

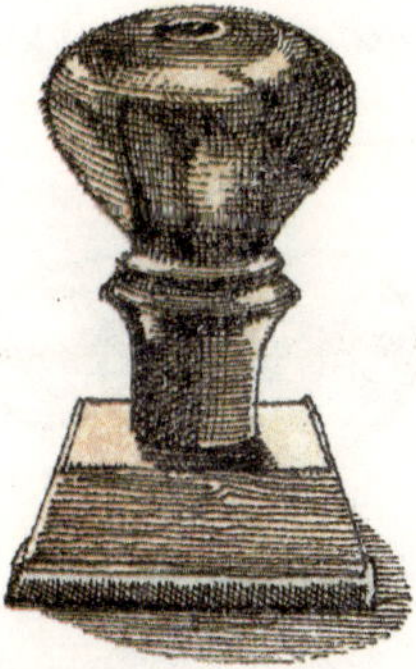

Die Windhosen

Beim Windhosenschneider Amorf
erstehen sich Palmström und Korf
zwei Windbeinkleider aus best-
empfohlenem Nordnordwest.

So angetan wirbeln sie quer
und kreuz über Festland und Meer
und fassen die Schurken beim Schopf
und lassen die Guten beim Topf.

Der Wetterwart schaut sie und stutzt:
Zum ersten Mal sieht er verdutzt,
was sonst rein phänomenal,
im Dienst einer klaren Moral.

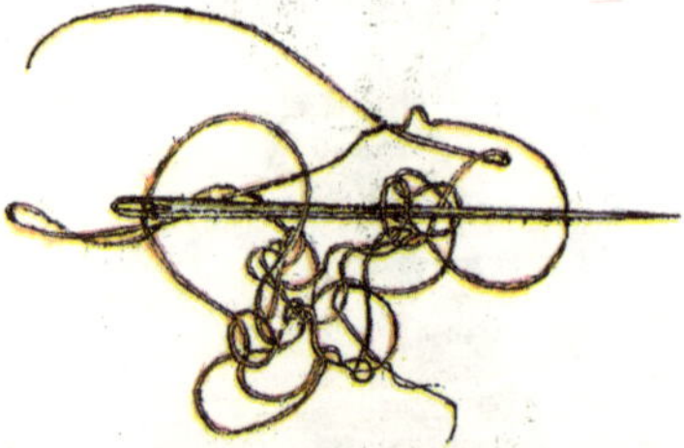

Die Nabelschnur

Auch der Kaufmann hier in Babel
ist ein heimlicher Feldwabel,
treibt's in seinen Auslagscheiben,
wie's die Tempelhofer treiben,

läßt die Waren aufmarschieren,
sich in Reih und Glied formieren,
rechts Console, links Console,
mittendrin Tablett mit Bowle.

Weiter vorn am Rand der Rampe
links ne Lampe, rechts ne Lampe.
Oben in der Mitte Gips
und im Halbkreis unten Nippes.

Steht so alles stramm gefüget,
hat er seiner Pflicht genüget
und beim Zwölfuhr-Wache-Schritt
klirrt sein Fenster lustig mit.

Ja, es trägt in diesem Babel
jeder noch die Schnur am Nabel,
welche zu dem Korporal
führt von anno dazumal.

Der fromme Riese

Korf lernt einen Riesen kennen,
dessen Frau ihm alles in den Mund gibt,
was sie nicht mag.

Nacht und Tag,
wenn sie ihm solchen Willen kundgibt,
sieht man ihn seine Lippen geduldig trennen

und vorsichtig hinter sein Zahngehege
alles schieben, was seiner Frau im Wege.

Und es ist ihr viel im Wege, der Frau.
Ganz unmöglich wäre, zu sagen genau,

was von Mücke bis Mammut gewissermaßen
ihr mißfällt. Man findet da ganze Straßen,
ganze Städte voll Menschen, man findet Gärten,

Flüsse, Berge neben Perücken, Bärten,
Stöcken, Tellern, Kleidern; mit einem Worte:
eine Welt versammelt sich an gedachtem Orte.

v. Korf mißfällt und wird von dem frommen
Riesengatten still in den Mund genommen.

Jnd nur, weil er ein „Geist“, wie schon beschrieben,
st er nicht in diesem Gelaß verblieben.

Fips

Ein kleiner Hund mit Namen Fips
erhielt vom Onkel einen Schlips
aus gelb und roter Seide.

Die Tante aber hat, o denkt,
ihm noch ein Glöcklein drangehängt
zur Aug- und Ohrenweide.

Hei, war der kleine Hund da stolz.
Das merkt sogar der Kaufmann Scholz
im Hause gegenüber.

Den grüßte Fips sonst mit dem Schwanz;
jetzt ging er voller Hoffart ganz
an seiner Tür vorüber.

Das Polizeipferd

Palmström führt ein Polizeipferd vor.
Dieses wackelt mehrmals mit dem Ohr
und berechnet den ertappten Tropf
logarhythmisch und auf Spitz und Knopf.

Niemand wagt von nun an einen Streich:
denn der Gaul berechnet ihn sogleich.
Offensichtlich wächst im ganzen Land
menschliche Gesittung und Verstand.

Korfs Verzauberung

Korf erfährt von einer fernen Base,
einer Zauberin,
die aus Kräuterschaum Planeten blase,
und er eilt dahin,
eilt dahin gen Odelidelase,
zu der Zauberin . . .

Findet wandelnd sie auf ihrer Wiese,
fragt sie, ob sie sei,
die aus Kräuterschaum Planeten bliese,
ob sie sei die Fei,
sei die Fei von Odeladelise.
Ja, sie sei die Fei!

Und sie reicht ihm willig Krug und Ähre,
und er bläst den Schaum,
und sieh da, die wunderschönste Sphäre
wölbt sich in den Raum,
wölbt sich auf, als obs ein Weltball wäre,
nicht nur Schaum und Traum.

Und die Kugel löst sich los vom Halme,
schwebt gelind empor,
dreht sich um und mischt dem Sphärenpsalme,

mischt dem Sphärenchor
Töne, wie aus ferner Hirtenschalme,
dringen sanft hervor.

In dem Spiegel aber ihrer Runde
schaut v. Korf beglückt,
was ihm je in jeder guten Stunde
durch den Sinn gerückt:
Seine Welt erblickt mit offnem Munde
Korf entzückt.

Und er nennt die Base seine Muse,
und sieh da! sieh dort!
Es erfaßt ihn was an seiner Bluse
und entführt ihn fort,
führt ihn fort aus Odeladeluse
nach dem neuen Ort . . .

Ausflug mit der Eisenbahn

Puff-puff Eisenbahn –
jetzt fahren wir nach Wiesenplan!

Wiesenplan, das ist die Stadt,
die den Kohlweißling zum Bürger hat.

Der Kohlweißling bewohnt ein Haus,
das sieht wie eine Glocke aus –

wie eine Glockenblume blau!
Da wohnt der Kohlweißling mit seiner Frau.

Und weht der Wind, macht die Glocke kling, kling,
und da freuen sich Herr und Frau Schmetterling.

Puff-puff Eisenbahn!
Jetzt fahren wir wieder aus Wiesenplan

hinaus, hinaus, dem Walde zu ...
wohin? wohin? ... Nach – Quellwaldruh!

Der Bahnwärter von Quellwaldruh,
das ist ein Frosch und quakt dazu.

„Quak, quak, aussteigen! quak!
in Quellwaldruh ist heut Ostertag!

In Quellwaldruh ist heut Osterfeier,
da versteckt der Osterhas bunte Eier!

Rote und gelbe und allerlei,
und das Suchen steht allen Fahrgästen frei!

Quak, quak, quak! Guten Tag!"
Guten Tag! Schönen Dank! Herr Bahnwärter
Quak!

Und jetzt wollen wir unter den Eichen und Buchen
und Tannen und Birken die Ostereier suchen!

Und im Moos und unter den großen Wurzeln,
darüber die kleinen Kinder purzeln.

Nicht wahr? Und haben wir alle gefunden
und in unsre Sacktücher eingebunden,

dann fahren wir am Abend wieder nach Haus
und packen das Wunder vor Großmutter aus! –

Das Nasobēm

Auf seinen Nasen schreitet
einher das Nasobēm,
von seinem Kind begleitet.
Es steht noch nicht im Brehm.

Es steht noch nicht im Meyer.
Und auch im Brockhaus nicht.
Es trat aus meiner Leyer
zum ersten Mal ans Licht.

Auf seinen Nasen schreitet
(wie schon gesagt) seitdem,
von seinem Kind begleitet,
einher das Nasobēm.

Der Papagei

Es war einmal ein Papagei,
der war beim Schöpfungsakt dabei
und lernte gleich am rechten Ort
des ersten Menschen erstes Wort.

Des Menschen erstes Wort war A
und hieß fast alles, was er sah,
z. B. Fisch, z. B. Brot,
z. B. Leben oder Tod.

Erst nach Jahrhunderten voll Schnee
erfand der Mensch zum A das B
und dann das L und dann das Q
und schließlich noch das Z dazu.

Gedachter Papagei indem
ward älter als Methusalem,
bewahrend treu in Brust und Schnabel
die erste menschliche Vokabel.

Zum Schlusse starb auch er am Zips.
Doch heut noch steht sein Bild in Gips,
geschmückt mit einem grünen A,
im Staatsschatz zu Ekbatana.

Von dem großen Elefanten

Kennst du den großen Elefanten,
du weißt, den Onkel von den Tanten,
den ganz ganz großen, weißt du, der –
der immer *so* macht, hin und her.

Der läßt dich nämlich vielmals grüßen,
er hat mit seinen eignen Füßen
hineingeschrieben in den Sand:
Grüß mir Sophiechen Windelband!

Du darfst mir ja nicht drüber lachen.
Wenn Elefanten so was machen,
so ist dies selten, meiner Seel!
Weit seltner als bei dem Kamel.

Anto-Logie

Im Anfang lebte, wie bekannt,
als größter Säuger der *Gig*-ant.

Wobei gig eine Zahl ist, die
es nicht mehr gibt, – so groß war sie!

Doch jene Größe schwand wie Rauch.
Zeit gabs genug – und Zahlen auch.

Bis eines Tags, ein winzig Ding,
der *Zwölef*-ant das Reich empfing.

Wo blieb sein Reich? Wo blieb er selb? –
Sein Bein wird im Museum gelb.

Zwar gab die gütige Natur
den *Elef*-anten uns dafur.

Doch ach, der Pulverpavian,
der Mensch, voll Gier nach seinem Zahn,

erschießt ihn, statt ihm Zeit zu lassen,
zum *Zehen*-anten zu verblassen.

O „Klub zum Schutz der wilden Tiere“,
hilf, daß der Mensch nicht ruiniere

die Sprossen dieser Riesenleiter,
die stets noch weiter führt und weiter!

Wie dankbar wird der Ant dir sein,
läßt du ihn wachsen und gedeihn, –

bis er dereinst im Nebel hinten
als *Nulel*-ant wird stumm verschwinden.

Auf dem Fliegenplaneten

Auf dem Fliegenplaneten,
da geht es dem Menschen nicht gut:
Denn was er hier der Fliege,
die Fliege dort ihm tut.

An Bändern voll Honig kleben
die Menschen dort allesamt,
und andre sind zum Verleben
in süßliches Bier verdammt.

In Einem nur scheinen die Fliegen
dem Menschen vorauszustehn:
Man bäckt uns nicht in Semmeln,
noch trinkt man uns aus Versehn.

Der Sperling und das Känguruh

In seinem Zaun das Känguruh –
es hockt und guckt dem Sperling zu.

Der Sperling sitzt auf dem Gebäude –
doch ohne sonderliche Freude.

Vielmehr, er fühlt, den Kopf geduckt,
wie ihn das Känguruh beguckt.

Der Sperling sträubt den Federflaus –
die Sache ist auch gar zu kraus.

Ihm ist, als ob er kaum noch säße . . .
Wenn nun das Känguruh ihn fräße?!

Doch dieses dreht nach einer Stunde
den Kopf aus irgend einem Grunde,

vielleicht auch ohne tiefern Sinn,
nach einer andern Richtung hin.

Waldmärchen

Es lebt ein Ries' im Wald,
der hat ein Ohr so groß,
wenn da ein Donner schallt,
ist's ihm ein Jucken bloß.

Er macht *so* mit der Hand,
als wie nach einer Hummel –
sein eigenes Gebrummel
erschreckt das ganze Land.

Und kommt die Regenzeit,
dann schläft er, und es wird
aus seinem Ohr ein Teich,
und dort sitzt dann der Hirt

und tränkt dran seine Schaf;
doch manchmal dreht, o Graus,
der Ries' sich um im Schlaf –
und dann ist alles aus.

Das Auge der Maus

Das rote Auge einer Maus
lugt aus dem Loch heraus.

Es funkelt durch die Dämmerung . . .
Das Herz gerät in Hämmerung.

„Das Herz von wem?“ Das Herz von mir!
Ich sitze nämlich vor dem Tier.

O Seele, denk an diese Maus!
Alle Dinge sind voll Graus.

Der Leu

Auf einem Wandkalenderblatt
ein Leu sich abgebildet hat.

Er blickt dich an, bewegt und still,
den ganzen 17. April.

Wodurch er zu erinnern liebt,
daß es ihn immerhin noch gibt.

April 17 Sa

Der Werwolf

Ein Werwolf eines Nachts entwich
von Weib und Kind und sich begab
an eines Dorfschullehrers Grab
und bat ihn: „Bitte, beuge mich!"

Der Dorfschulmeister stieg hinauf
auf seines Blechschilds Messingknauf
und sprach zum Wolf, der seine Pfoten
geduldig kreuzte vor dem Toten:

„Der Werwolf", sprach der gute Mann,
„Des Weswolfs, Genitiv sodann,
dem Wemwolf, Dativ, wie mans nennt,
den Wenwolf, – damit hats ein End."

Dem Werwolf schmeichelten die Fälle,
er rollte seine Augenbälle.
„Indessen", bat er, „füge doch
zur Einzahl auch die Mehrzahl noch!"

Der Dorfschulmeister aber mußte
gestehn, daß er von ihr nichts wußte.
Zwar Wölfe gäbs in großer Schar,
doch „Wer" gäbs nur im Singular.

Der Wolf erhob sich tränenblind –
er hatte ja doch Weib und Kind!!
Doch da er kein Gelehrter eben,
so schied er dankend und ergeben.

KM 21

Ein Rabe saß auf einem Meilenstein
und rief Ka-em-zwei-ein, Ka-em-zwei-ein . . .

Der Werhund lief vorbei, im Maul ein Bein,
der Rabe rief Ka-em-zwei-ein, zwei-ein.

Vorüber zottelte das Zapfenschwein,
der Rabe rief und rief Ka-em-zwei-ein.

„Er ist besessen!“ – kam man überein.
„Man führe ihn hinweg von diesem Stein!“

Zwei Hasen brachten ihn zum Kräuterdachs.
Sein Hirn war ganz verstört und weich wie Wachs.

Noch sterbend rief er (denn er starb dort) sein
Ka-em-zwei-ein, Ka-em, Ka-em-zwei-ein.

Der Zwölf-Elf

Der Zwölf-Elf hebt die linke Hand:
Da schlägt es Mitternacht im Land.

Es lauscht der Teich mit offnem Mund.
Ganz leise heult der Schluchtenhund.

Die Dommel reckt sich auf im Rohr.
Der Moosfrosch lugt aus seinem Moor.

Der Schneck horcht auf in seinem Haus;
desgleichen die Kartoffelmaus.

Das Irrlicht selbst macht Halt und Rast
auf einem windgebrochnen Ast.

Sophie, die Maid, hat ein Gesicht:
Das Mondschaf geht zum Hochgericht.

Die Galgenbrüder wehn im Wind.
Im fernen Dorfe schreit ein Kind.

Zwei Maulwürf küssen sich zur Stund
als Neuvermählte auf den Mund.

Hingegen tief im finstern Wald
ein Nachtmahr seine Fäuste ballt:

Dieweil ein später Wanderstrumpf
sich nicht verlief in Teich und Sumpf.

Der Rabe Ralf ruft schaurig: „Kra!
Das End ist da! Das End ist da!“

Der Zwölf-Elf senkt die linke Hand:
Und wieder schläft das ganze Land.

Nachtbild

Es horcht ein Hofhund hinterm Zaun –
        („Achtung! Hunde!“)
Es horcht ein Hofhund hinterm Zaun
zur mitternächtigen Stunde.
Mit glühenden Augen steht der Hund
an einem Möbelwagen . . .
Der Mensch ist fort. Die Nacht ist rund
mit Sternen ausgeschlagen.

Galgenbruders Lied an Sophie, die Henkersmaid

Sophie, mein Henkersmädel,
komm, küsse mir den Schädel!
Zwar ist mein Mund
ein schwarzer Schlund –
doch du bist gut und edel!

Sophie, mein Henkersmädel,
komm, streichle mir den Schädel!
Zwar ist mein Haupt
des Haars beraubt –
doch du bist gut und edel!

Sophie, mein Henkersmädel,
komm, schau mir in den Schädel!
Die Augen zwar,
sie fraß der Aar –
doch du bist gut und edel!

Nein!

Pfeift der Sturm?
Keift ein Wurm?
Heulen
Eulen
hoch vom Turm?

Nein!

Es ist des Galgenstrickes
dickes
Ende, welches ächzte,
gleich als ob
im Galopp
eine müdgehetzte Mähre
nach dem nächsten Brunnen lechzte
(der vielleicht noch ferne wäre).

Der Rabe Ralf

Der Rabe Ralf
    will will hu hu
dem niemand half
    still still du du
half sich allein
am Rabenstein
    will will still still
        hu hu

Die Nebelfrau
    will will hu hu
nimmts nicht genau
    still still du du
sie sagt nimm nimm
'ſs ist nicht so schlimm
    will will still still
        hu hu

Doch als ein Jahr
    will will hu hu
vergangen war
    still still du du
da lag im Rot
der Rabe tot
    will will still still
        du du

Die Trichter

Zwei Trichter wandeln durch die Nacht.
Durch ihres Rumpfs verengten Schacht
fließt weißes Mondlicht
still und heiter
auf ihren
Waldweg
u. s.
w.

Das Mondschaf

Das Mondschaf steht auf weiter Flur.
Es harrt und harrt der großen Schur.
  Das Mondschaf.

Das Mondschaf rupft sich einen Halm
und geht dann heim auf seine Alm.
  Das Mondschaf.

Das Mondschaf spricht zu sich im Traum:
„Ich bin des Weltalls dunkler Raum."
  Das Mondschaf.

Das Mondschaf liegt am Morgen tot.
Sein Leib ist weiß, die Sonn ist rot.
  Das Mondschaf.

Himmel und Erde

Der Nachtwindhund weint wie ein Kind,
dieweil sein Fell von Regen rinnt.

Jetzt jagt er wild das Neumondweib,
das hinflieht mit gebognem Leib.

Tief unten geht, ein dunkler Punkt,
querüberfeld ein Forstadjunkt.

Der Mond

Als Gott den lieben Mond erschuf,
gab er ihm folgenden Beruf:

Beim Zu- sowohl wie beim Abnehmen
sich deutschen Lesern zu bequemen,

ein A formierend und ein Z –
daß keiner groß zu denken hätt.

Befolgend dies, ward der Trabant
ein völlig deutscher Gegenstand.

Das ästhetische Wiesel

Ein Wiesel
saß auf einem Kiesel
inmitten Bachgeriesel.

Wißt ihr,
weshalb?

Das Mondkalb
verriet es mir
im stillen:

Das raffinier-
te Tier
tats um des Reimes willen.

Das Problem

Der Zwölf-Elf kam auf sein Problem
und sprach: „Ich heiße unbequem.
Als hieß ich etwa Drei-Vier
statt Sieben – Gott verzeih mir!“

Und siehe da, der Zwölf-Elf nannt sich
von jenem Tag ab Dreiundzwanzig.

Igel und Agel

Ein Igel saß auf einem Stein
und blies auf einem Stachel sein.
Schalmeiala, schalmeialü!
Da kam sein Feinslieb Agel
und tat ihm schnigel schnagel
zu seinen Melodein.
Schnigula schnagula
schnaguleia lü!

Das Tier verblies sein Flötenhemd ...
„Wie siehst du aus so furchtbar fremd!?"
Schalmeiala, schalmeialü –.
Feins-Agel ging zum Nachbar, ach!
Den Igel aber hat der Bach
zum Weiher fortgeschwemmt.
Wigula wagula
waguleia wü
tü tü ...

Der Sündfloh

Als schauerlich und grausenvoll
die Sündflut um die Berge schwoll,
kam noch im siebenten Moment
ein junger Floh herzugerennt.

Doch da das obligate Paar
von Flöhen schon im Kasten war,
so mußte Noah ihn bestimmen,
ins nasse Grab zurückzuschwimmen.

Voll Eifer gleichfalls protestierten
die beiden, die bereits logierten,
weil – riefen sie (besonders er) –
ein dritter nicht gestattet wär.

Der Sündfloh (denn er war es) blieb,
obschon verborgen wie ein Dieb –
und zwar (trotz Jahwen in der Höhe)
von einem der zwei beiden Flöhe.

Von welchem braucht man nicht zu sagen.
Doch ward hierdurch aus Vorzeittagen
das Dreieck, von dem Ibsen schreibt,
der Neuzeit wieder einverleibt.

Die beiden Esel

Ein finstrer Esel sprach einmal
zu seinem ehlichen Gemahl:

„Ich bin so dumm, du bist so dumm,
wir wollen sterben gehen, kumm!“

Doch wie es kommt so öfter eben:
Die beiden blieben fröhlich leben.

Bim, Bam, Bum

Ein Glockenton fliegt durch die Nacht,
als hätt er Vogelflügel;
er fliegt in römischer Kirchentracht
wohl über Tal und Hügel.

Er sucht die Glockentönin BIM,
die ihm vorausgeflogen;
d. h., die Sache ist sehr schlimm,
sie hat ihn nämlich betrogen.

„O komm“, so ruft er, „komm, dein BAM
erwartet dich voll Schmerzen.
Komm wieder, BIM, geliebtes Lamm,
dein BAM liebt dich von Herzen!“

Doch BIM, daß ihrs nur alle wißt,
hat sich dem BUM ergeben;
der ist zwar auch ein guter Christ,
allein das ist es eben.

Der BAM fliegt weiter durch die Nacht
wohl über Wald und Lichtung.
Doch, ach, er fliegt umsonst! Das macht,
er fliegt in falscher Richtung.

Der Seufzer

Ein Seufzer lief Schlittschuh auf nächtlichem Eis
und träumte von Liebe und Freude.
Es war an dem Stadtwall, und schneeweiß
glänzten die Stadtwallgebäude.

Der Seufzer dacht an ein Maidelein
und blieb erglühend stehen.
Da schmolz die Eisbahn unter ihm ein –
und er sank – und ward nimmer gesehen.

Kleine Geschichte

Litt einst ein Fähnlein große Not,
halb war es gelb, halb war es rot
und wollte gern zusammen
zu einer lichten Flammen.

Es zog sich, wand sich, wellte sich,
es knitterte, es schnellte sich –
umsonst! es mocht nicht glücken,
die Naht zu überbrücken.

Da kam ein Wolkenbruch daher
und wusch das Fähnlein kreuz und quer,
daß Rot und Gelb, zerflossen,
voll Inbrunst sich genossen.

Des Fähnleins Herren freilich war
des Vorgangs Freudigkeit nicht klar –
indes, die sich besaßen,
nun alle Welt vergaßen.

Eine Stimmung aus dem vierten Kreis

Zwei Hände, die so weiß, so weiß
als wie ein schlohweiß Laken,
vereinten sich im vierten Kreis,
während sie sonst gewohnterweis
in zwei verschiednen Taschen staken.

Sie zitterten, jedoch nur leis,
als ob sie vor sich selbst erschraken,
sie fühlten sich auf fremdem Gleis,
und dennoch taten sie mit Fleiß
sich ineinander haken.

Die zwei Parallelen

Es gingen zwei Parallelen
ins Endlose hinaus,
zwei kerzengerade Seelen
und aus solidem Haus.

Sie wollten sich nicht schneiden
bis an ihr seliges Grab:
Das war nun einmal der beiden
geheimer Stolz und Stab.

Doch als sie zehn Lichtjahre
gewandert neben sich hin,
da wards dem einsamen Paare
nicht irdisch mehr zu Sinn.

Warn sie noch Parallelen?
Sie wußtens selber nicht, –
sie flossen nur wie zwei Seelen
zusammen durch ewiges Licht.

Das ewige Licht durchdrang sie,
da wurden sie eins in ihm;
die Ewigkeit verschlang sie
als wie zwei Seraphim.

Die Nähe

Die Nähe ging verträumt umher . . .
Sie kam nie zu den Dingen selber.
Ihr Antlitz wurde gelb und gelber,
und ihren Leib ergriff die Zehr.

Doch eines Nachts, derweil sie schlief,
da trat wer an ihr Bette hin
und sprach: „Steh auf, mein Kind, ich bin
der kategorische Komparativ!

Ich werde dich zum Näher steigern,
ja, wenn du willst, zur Näherin!" –
Die Nähe, ohne sich zu weigern,
sie nahm auch dies als Schicksal hin.

Als Näherin jedoch vergaß
sie leider völlig, was sie wollte,
und nähte Putz und hieß Frau Nolte
und hielt all Obiges für Spaß.

NAHE

Das Hemmed

Kennst du das einsame Hemmed?
Flattertata, flattertata.

Ders trug, ist baß verdämmet!
Flattertata, flattertata.

Es knattert und rattert im Winde.
Windurudei, windurudei.

Es weint wie ein kleines Kinde.
Windurudei, windurudei.

Das ist das einsame
Hemmed.

Die Lämmerwolke

Es blökt eine Lämmerwolke
am blauen Firmament,
sie blökt nach ihrem Volke,
das sich von ihr getrennt.

Zu Bomst das Luftschiff „Gunther“
vernimmts und fährt empor
und bringt die Gute herunter,
die, ach, so viel verlor.

Bei Bomst wohl auf der Weide,
da schwebt sie nun voll Dank,
drei Jungfraun in weißem Kleide,
die bringen ihr Speis und Trank.

Doch als der Morgen gekommen,
der nächste Morgen bei Bomst, –
da war sie nach Schrimm verschwommen,
wohin du von Bomst aus kommst . . .

Der Lattenzaun

Es war einmal ein Lattenzaun,
mit Zwischenraum, hindurchzuschaun.

Ein Architekt, der dieses sah,
stand eines Abends plötzlich da –

und nahm den Zwischenraum heraus
und baute draus ein großes Haus.

Der Zaun indessen stand ganz dumm,
mit Latten ohne was herum.

Ein Anblick gräßlich und gemein.
Drum zog ihn der Senat auch ein.

Der Architekt jedoch entfloh
nach Afri- od- Ameriko.

Die zwei Wurzeln

Zwei Tannenwurzeln groß und alt
unterhalten sich im Wald.

Was droben in den Wipfeln rauscht,
das wird hier unten ausgetauscht.

Ein altes Eichhorn sitzt dabei
und strickt wohl Strümpfe für die zwei.

Die eine sagt: knig. Die andre sagt: knag.
Das ist genug für einen Tag.

Das Löwenreh

Das Löwenreh durcheilt den Wald
und sucht den Förster Theobald.

Der Förster Theobald desgleichen
sucht es durch Pirschen zu erreichen,

und zwar mit Kugeln, deren Gift
zu Rauch verwandelt, wen es trifft.

Als sie sich endlich haben, schießt
er es, worauf es ihn genießt.

Allein die Kugel wirkt alsbald:
Zu Rauch wird Reh nebst Theobald . . .

Seitdem sind beide ohne Frage
ein dankbares Objekt der Sage.

Entwurf zu einem Trauerspiele

Ein Fluß, namens Elster,
besinnt sich auf seine wahre Gestalt
und fliegt eines Abends
einfach weg.

Ein Mann, namens Anton,
erblickt ihn auf seinem Acker und schießt
ihn mit seiner Flinte
einfach tot.

Das Tier, namens Elster,
bereut zu spät seine selbstische Tat
(denn – Wassersnot tritt
einfach ein).

Der Mann, namens Anton,
(und das ist leider kein Wunder) weiß
von seiner Mitschuld
einfach nichts.

Der Mann, namens Anton,
(und das versöhnt in einigem Maß)
verdurstet gleichwohl
einfach auch.

Die Tagnachtlampe

Korf erfindet eine Tagnachtlampe,
die, sobald sie angedreht,
selbst den hellsten Tag
in Nacht verwandelt.

Als er sie vor des Kongresses Rampe
demonstriert, vermag
niemand, der sein Fach versteht,
zu verkennen, daß es sich hier handelt –

(Finster wirds am hellerlichten Tag,
und ein Beifallssturm das Haus durchweht.)
(Und man ruft dem Diener Mampe:
„Licht anzünden!") – daß es sich hier handelt

um das Faktum: daß gedachte Lampe,
in der Tat, wenn angedreht,
selbst den hellsten Tag
in Nacht verwandelt.

Pat. No: 84/523T

Die zwei Turmuhren

Zwei Kirchturmuhren schlagen hintereinander,
weil sie sonst widereinander schlagen müßten.
Sie vertragen sich wie zwei wahre Christen.
Es wäre dementsprechend zu fragen:
warum nicht auch die Völker
hintereinander statt widereinander schlagen.
Sie könnten doch wirklich ihren Zorn
auslassen, das eine hinten, das andre vorn.
Aber freilich: Kleine Beispiele von Vernunft
änderten noch nie etwas am großen Narreteispiele
der Zunft.

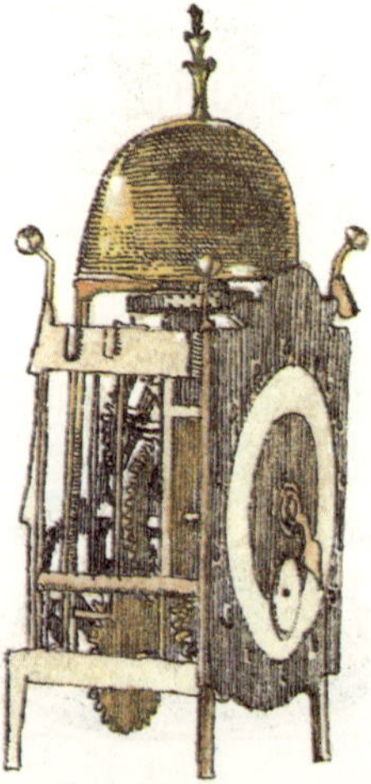

Nach Norden

Palmström ist nervös geworden;
darum schläft er jetzt nach Norden.

Denn nach Osten, Westen, Süden
schlafen, heißt das Herz ermüden.

(Wenn man nämlich in Europen
lebt, nicht südlich in den Tropen.)

Solches steht bei zwei Gelehrten,
die auch Dickens schon bekehrten –

und erklärt sich aus dem steten
Magnetismus des Planeten.

Palmström also heilt sich örtlich,
nimmt sein Bett und stellt es nördlich.

Und im Traum, in einigen Fällen,
hört er den Polarfuchs bellen.

Zukunftssorgen

Korf, den Ahnung leicht erschreckt,
sieht den Himmel schon bedeckt
von Ballonen jeder Größe
und verfertigt ganze Stöße
von Entwürfen zu Statuten
eines Klubs zur resoluten
Wahrung der gedachten Zone
vor der Willkür der Ballone.

Doch er ahnt schon, ach, beim Schreiben
seinen Klub im Rückstand bleiben:
Dämmrig, dünkt ihn, wird die Luft
und die Landschaft Grab und Gruft.
Er begibt sich drum der Feder,
steckt das Licht an (wie dann jeder),
tritt damit bei Palmström ein,
und so sitzen sie zu zwein.

Endlich, nach vier langen Stunden,
ist der Alpdruck überwunden.
Palmström bricht zuerst den Bann:
„Korf", so spricht er, „sei ein Mann!
Du vergreifst dich im Jahrzehnt:
Noch wird all das erst ersehnt,

was, vom Geist dir vorgegaukelt,
heut dein Haupt schon überschaukelt."

Korf entrafft sich dem Gesicht.
Niemand fliegt im goldnen Licht!
Er verlöscht die Kerze schweigend.
Doch dann, auf die Sonne zeigend,
spricht er: „Wenn nicht jetzt, so einst –
kommt es, daß du nicht mehr scheinst,
wenigstens nicht uns, den – grausend
sag ichs –: unteren Zehntausend!" . . .

Wieder sitzt v. Korf danach
stumm in seinem Schreibgemach
und entwirft Statuten eines
Klubs zum Schutz des Sonnenscheines.

Der Schaukelstuhl auf der verlassenen Terrasse

Ich bin ein einsamer Schaukelstuhl
und wackel im Winde,
im Winde.

Auf der Terrasse, da ist es kuhl,
und ich wackel im Winde,
im Winde.

Und ich wackel und nackel den ganzen Tag.
Und es nackelt und rackelt die Linde.
Wer weiß, was sonst wohl noch wackeln mag
im Winde,
im Winde,
im Winde.

Das Knie

Ein Knie geht einsam durch die Welt.
Es ist ein Knie, sonst nichts!
Es ist kein Baum! Es ist kein Zelt!
Es ist ein Knie, sonst nichts.

Im Kriege ward einmal ein Mann
erschossen um und um.
Das Knie allein blieb unverletzt –
als wärs ein Heiligtum.

Seitdem gehts einsam durch die Welt.
Es ist ein Knie, sonst nichts.
Es ist kein Baum, es ist kein Zelt.
Es ist ein Knie, sonst nichts.

Möwenlied

Die Möwen sehen alle aus,
als ob sie Emma hießen.
Sie tragen einen weißen Flaus
und sind mit Schrot zu schießen.

Ich schieße keine Möwe tot,
ich laß sie lieber leben –
und füttre sie mit Roggenbrot
und rötlichen Zibeben.

O Mensch, du wirst nie nebenbei
der Möwe Flug erreichen.
Wofern du Emma heißest, sei
zufrieden, ihr zu gleichen.

Emma

Gleichnis

Palmström schwankt als wie ein Zweig im Wind
Als ihn Korf befrägt, warum er schwanke,
meint er: weil ein lieblicher Gedanke,
wie ein Vogel, zärtlich und geschwind,
auf ein kleines ihn belastet habe –
schwanke er als wie ein Zweig im Wind,
schwingend noch von der willkommnen Gabe .

Erntelied

Wo gestern noch der Felder Meer
gewogt in allen Farben,
steht heut in Reih und Glied ein Heer
festlich gegürteter Garben.

Es will der goldne Heeresbann
vor Frost und Hungers Wüten
das ganze Dorf mit Maus und Mann
bis übers Jahr behüten.

Und liegen die Bataillone erst
im sichern Scheunquartiere,
du fändst, und wenn du der König wärst,
nicht bessre Grenadiere.

Steine statt Brot

Ja, wenn die ganze Siegesallee
aus Mehl gebacken wäre –
das wäre eine gute Idee,
auf Ehre!

Man spräche zum Hungernden: Iß dich rund
(dein Landesvater will es!)
an Otto dem Faulen, an Siegismund,
an Cicero, an Achilles!

Zu Dank zerflösse bei arm und reich
des Mißvergnügens Wolke:
es wäre geholfen auf einen Streich
dem ganzen deutschen Volke.

Ein Loblied sänge der deutsche Geist
vom Pregel bis zum Rheine.
Gib Kunst, o Fürst, die nährt und speist!
Gib Brot, o Fürst, nicht Steine!

Die Zirbelkiefer

Die Zirbelkiefer sieht sich an
auf ihre Zirbeldrüse hin;
sie las in einem Buche jüngst,
die Seele säße dort darin.

Sie säße dort wie ein Insekt
voll wundersamer Lieblichkeit,
von Gottes Allmacht ausgeheckt
und außerordentlich gescheit.

Die Zirbelkiefer sieht sich an
auf ihre Zirbeldrüse hin;
sie weiß nicht, wo sie sitzen tut,
allein ihr wird ganz fromm zu Sinn.

Scholastikerprobleme

I

Wieviel Engel sitzen können
auf der Spitze einer Nadel –
wolle dem dein Denken gönnen,
Leser sonder Furcht und Tadel!

„Alle!“ wirds dein Hirn durchblitzen.
„Denn die Engel sind doch Geister!
Und ein ob auch noch so feister
Geist bedarf schier nichts zum Sitzen.“

Ich hingegen stell den Satz auf:
Keiner! – Denn die nie Erspähten
können einzig nehmen Platz auf
geistlichen Lokalitäten.

II

Kann ein Engel Berge steigen?
Nein. Er ist zu leicht dazu.
Menschenfuß und Menschenschuh
bleibt allein dies Können eigen.

Lockt ihn dennoch dieser Sport,
muß er wieder sich ver-erden
und ein Menschenfräulein werden
etwa namens Zuckertort.

Allerdings bemerkt man immer,
was darin steckt und von wo –
denn ein solches Frauenzimmer
schreitet anders als nur so.

Muhme Kunkel

Palma Kunkel ist mit Palm verwandt,
doch im übrigen sonst nicht bekannt.
Und sie wünscht auch nicht bekannt zu sein,
lebt am liebsten ganz für sich allein.

Über Muhme Palma Kunkel drum
bleibt auch der Chronist vollkommen stumm.
Nur wo selbst sie aus dem Dunkel tritt,
teilt er dies ihr Treten treulich mit.

Doch sie trat bis jetzt noch nicht ans Licht,
und sie will es auch in Zukunft nicht.
Schon, daß hier ihr Name lautbar ward,
widerspricht vollkommen ihrer Art.

Der Papagei

Palma Kunkels Papagei
spekuliert nicht auf Applaus;
niemals, was auch immer sei,
spricht er seine Wörter aus.

Deren Zahl ist ohne Zahl:
denn er ist das klügste Tier,
das man je zum Kauf empfahl,
und der Zucht vollkommne Zier.

Doch indem er streng dich mißt,
scheint sein Zungenglied verdorrt.
Gleichviel, wer du immer bist,
er verrät dir nicht ein Wort.

Das Warenhaus

Palmström kann nicht ohne Post
    leben:
Sie ist seiner Tage Kost.

Täglich dreimal ist er ganz
    Spannung.
Täglich ists der gleiche Tanz:

Selten hört er einen Brief
    plumpen
in den Kasten breit und tief.

Düster schilt er auf den Mann,
    welcher,
wie man weiß, nichts dafür kann.

Endlich kommt er drauf zurück,
    auf das:
„Warenhaus für Kleines Glück".

Und bestellt dort, frisch vom Rost
    (quasi):
ein Quartal – „Gemischte Post"!

Und nun kommt von früh bis spät
Post von
aller Art und Qualität.

Jedermann teilt sich ihm mit,
brieflich,
denkt an ihn auf Schritt und Tritt.

Palmström sieht sich in die Welt
plötzlich
überall hineingestellt . . .

Und ihm wird schon wirr und weh . . .
Doch es
ist ja nur das – „W. K. G.“

Die Brille

Korf liest gerne schnell und viel;
darum widert ihn das Spiel
all des zwölfmal unerbetnen
Ausgewalzten, Breitgetretnen.

Meistens ist in sechs bis acht
Wörtern völlig abgemacht,
und in ebensoviel Sätzen
läßt sich Bandwurmweisheit schwätzen.

Es erfindet drum sein Geist
etwas, was ihn dem entreißt:
Brillen, deren Energieen
ihm den Text – zusammenziehen!

Beispielsweise dies Gedicht
läse, so bebrillt, man – nicht!
Dreiunddreißig seinesgleichen
gäben erst – Ein – – Fragezeichen!!

Sprachstudien

Korf und Palmström nehmen Lektionen,
um das Wetter-Wendische zu lernen.
Täglich pilgern sie zu den modernen
Ollendorffschen Sprachlehrgrammophonen.

Dort nun lassen sie mit vielen andern,
welche gleichfalls steile Charaktere
(gleich als obs ein Ziel für Edle wäre),
sich im Wetter-Wendischen bewandern.

Dies Idiom behebt den Geist der Schwere,
macht sie unstet, launisch und cholerisch . . .
Doch die Sache bleibt nur peripherisch.
Und sie werden wieder – Charaktere.

Die Mittagszeitung

Korf erfindet eine Mittagszeitung,
welche, wenn man sie gelesen hat,
ist man satt.
Ganz ohne Zubereitung
irgendeiner andern Speise.
Jeder auch nur etwas Weise
hält das Blatt.

20 Pfg.
Mittags
Tageskarte
Diätgerichte
Gemüsegerichte
NEU

Der Gaul

Es läutet beim Professor Stein.
Die Köchin rupft die Hühner.
Die Minna geht: Wer kann das sein? –
Ein Gaul steht vor der Türe.

Die Minna wirft die Türe zu.
Die Köchin kommt: Was gibts denn?
Das Fräulein kommt im Morgenschuh.
Es kommt die ganze Familie.

„Ich bin, verzeihn Sie", spricht der Gaul,
„der Gaul vom Tischler Bartels.
Ich brachte Ihnen dazumaul
die Tür- und Fensterrahmen!"

Die vierzehn Leute samt dem Mops,
sie stehn, als ob sie träumten.
Das kleinste Kind tut einen Hops,
die andern stehn wie Bäume.

Der Gaul, da keiner ihn versteht,
schnalzt bloß mal mit der Zunge,
dann kehrt er still sich ab und geht
die Treppe wieder hinunter.

Die dreizehn schaun auf ihren Herrn,
ob er nicht sprechen möchte.
„Das war", spricht der Professor Stein,
„ein unerhörtes Erlebnis!" ...

Die Mausefalle

I

Palmström hat nicht Speck im Haus,
dahingegen eine Maus.

Korf, bewegt von seinem Jammer,
baut ihm eine Gitterkammer.

Und mit einer Geige fein
setzt er seinen Freund hinein.

Nacht ists, und die Sterne funkeln,
Palmström musiziert im Dunkeln.

Und derweil er konzertiert,
kommt die Maus hereinspaziert.

Hinter ihr, geheimerweise,
fällt die Pforte leicht und leise.

Vor ihr sinkt in Schlaf alsbald
Palmströms schweigende Gestalt.

P.

II

Morgens kommt v. Korf und lädt
das so nützliche Gerät

in den nächsten, sozusagen
mittelgroßen Möbelwagen,

den ein starkes Roß beschwingt
nach der fernen Waldung bringt,

wo in tiefer Einsamkeit
er das seltne Paar befreit.

Erst spaziert die Maus heraus
und dann Palmström, nach der Maus.

Froh genießt das Tier der neuen
Heimat, ohne sich zu scheuen.

Während Palmström, glückverklärt,
mit v. Korf nach Hause fährt.

Das Huhn

In der Bahnhofshalle, nicht für es gebaut,
geht ein Huhn
hin und her . . .
Wo, wo ist der Herr Stationsvorsteh'r?
Wird dem Huhn
man nichts tun?
Hoffen wir es! Sagen wir es laut:
daß ihm unsre Sympathie gehört,
selbst an dieser Stätte, wo es – „stört"!

Das Butterbrotpapier

Ein Butterbrotpapier im Wald, –
da es beschneit wird, fühlt sich kalt ...

In seiner Angst, wiewohl es nie
an Denken vorher irgendwie

gedacht, natürlich, als ein Ding
aus Lumpen usw., fing,

aus Angst, so sagte ich, fing an
zu denken, fing, hob an, begann,

zu denken, denkt euch, was das heißt,
bekam (aus Angst, so sagt ich) – Geist,

und zwar, versteht sich, nicht bloß so
vom Himmel droben irgendwo,

vielmehr infolge einer ganz
exakt entstandnen Hirnsubstanz –

die aus Holz, Eiweiß, Mehl und Schmer,
(durch Angst) mit Überspringen der

sonst üblichen Weltalter, an
ihm Boden und Gefäß gewann –

[(mit Überspringung) in und an
ihm Boden und Gefäß gewann].

Mit Hilfe dieser Hilfe nun
entschloß sich das Papier zum Tun, –

zum Leben, zum – gleichviel, es fing
zu gehn an – wie ein Schmetterling . . .

zu kriechen erst, zu fliegen drauf,
bis übers Unterholz hinauf,

dann über die Chaussee und quer
und kreuz und links und hin und her –

wie eben solch ein Tier zur Welt
(je nach dem Wind) (und sonst) sich stellt.

Doch, Freunde! werdet bleich gleich mir! –:
Ein Vogel, dick und ganz voll Gier,

erblickts (wir sind im Januar . . .) –
und schickt sich an, mit Haut und Haar –

und schickt sich an, mit Haar und Haut –
(wer mag da endigen!) (mir graut) –

(Bedenkt, was alles nötig war!) –
und schickt sich an, mit Haut und Haar – –

Ein Butterbrotpapier im Wald
gewinnt – aus Angst – Naturgestalt . . .

Genug!! Der wilde Specht verschluckt
das unersetzliche Produkt . . .

Philanthropisch

Ein nervöser Mensch auf einer Wiese
wäre besser ohne sie daran;
darum seh er, wie er ohne diese
(meistens mindestens) leben kann.

Kaum daß er gelegt sich auf die Gräser,
naht der Ameis, Heuschreck, Mück und Wurm,
naht der Tausendfuß und Ohrenbläser,
und die Hummel ruft zum Sturm.

Ein nervöser Mensch auf einer Wiese
tut drum besser, wieder aufzustehn
und dafür in andre Paradiese
(beispielshalber: weg) zu gehn.

Der Hecht

Ein Hecht, vom heiligen Antōn
bekehrt, beschloß, samt Frau und Sohn,
am vegetarischen Gedanken
moralisch sich emporzuranken.

Er aß seit jenem nur noch dies:
Seegras, Seerose und Seegrieß.
Doch Grieß, Gras, Rose floß, o Graus,
entsetzlich wieder hinten aus.

Der ganze Teich ward angesteckt.
Fünfhundert Fische sind verreckt.
Doch Sankt Antōn, gerufen eilig,
sprach nichts als: „Heilig! heilig! heilig!"

Die Unterhose

Heilig ist die Unterhose,
wenn sie sich in Sonn und Wind,
frei von ihrem Alltagslose,
auf ihr wahres Selbst besinnt.

Fröhlich ledig der Blamage
steter Souterränität,
wirkt am Seil sie als Staffage,
wie ein Segel leicht gebläht.

Keinen Tropus ihr zum Ruhme
spart des Malers Kompetenz,
preist sie seine treuste Blume
Sommer, Winter, Herbst und Lenz.

Der Droschkengaul

„Ich bin zwar nur ein Droschkengaul, –
doch philosophisch regsam;
der Freß-Sack hängt mir kaum ums Maul,
so werd ich überlegsam.
Ich schwenk ihn her, ich schwenk ihn hin,
und bei dem trauten Schwenken
geht mir so manches durch den Sinn,
woran nur Weise denken.

Ich bin zwar nur ein Droschkengaul, –
doch sann ich oft voll Sorgen,
wie ich den Hafer brächt ins Maul,
der tief im Grund verborgen.
Ich schwenkte hoch, ich schwenkte tief,
bis mir die Ohren klangen.
Was dort in Nacht verschleiert schlief,
ich konnt es nicht erlangen.

Ich bin zwar nur ein Droschkengaul, –
doch mag ich Trost nicht missen
und sage mir: So steht es faul
mit allem Erdenwissen;
es frißt im Weisheitsfuttersack
wohl jeglich Maul ein Weilchen,

doch nie erreichts – o Schabernack –
die letzten Bodenteilchen."

Die Lampe

Es steht eine Lampe am weiten Meer.
Wo kommt denn die Lampe, die Lampe her?

Sie trägt ein Reformhemd aus grünem Tang
und steht auf der Insel Fragnichtlang.

Die Lampe, die Lampe, die Lampe, weh,
sie kommt aus der Werweißwosisee!

Da liegt ein Schiff ganz unten kaputt,
und aus seinen Fenstern schaun Molch und Butt.

Die Wellen, die Wellen, die haben sie geschwemmt?
Jetzt träumt sie, den Fuß auf die Küste gestemmt,

in ihrem Reformkleid aus grünem Tang . . .
Und im Hintergrund, da liegt – Fragnichtlang.

Es pfeift der Wind . . .

Es pfeift der Wind. Was pfeift er wohl?
Eine tolle, närrische Weise.
Er pfeift auf einem Schlüssel hohl,
bald gellend und bald leise.

Die Nacht weint ihm den Takt dazu
mit schweren Regentropfen,
die an der Fenster schwarze Ruh
ohn End eintönig klopfen.

Es pfeift der Wind. Es stöhnt und gellt.
Die Hunde heulen im Hofe. –
Er pfeift auf diese ganze Welt,
der große Philosophe.

Gespräch einer Hausschnecke mit sich selbst

Soll i aus meim Hause raus?
Soll i aus meim Hause nit raus?
Einen Schritt raus?
Lieber nit raus?
Hausenitraus –
Hauseraus
Hauseritraus
Hausenaus
Rauserauserauserause . . .

(Die Schnecke verfängt sich in ihren eigenen Gedanken oder vielmehr diese gehen mit ihr dermaßen durch, daß sie die weitere Entscheidung der Frage verschieben muß.)

7
6
5
2
3
4

Der Vergeß

Er war voll Bildungshung, indes,
soviel er las
und Wissen aß,
er blieb zugleich ein Unverbeß,
ein Unver, sag ich, als Vergeß;
ein Sieb aus Glas,
ein Netz aus Gras,
ein Vielfreß –
doch kein Haltefraß.

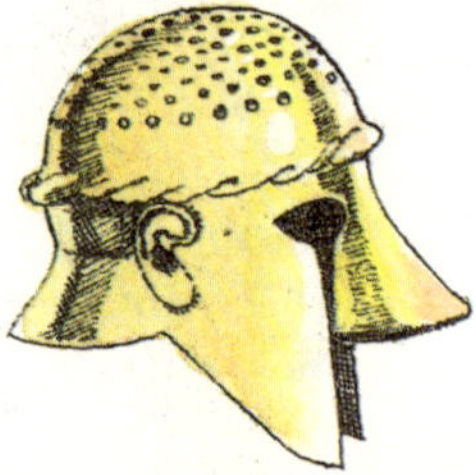

Gespenst

Es gibt ein Gespenst,
das frißt Taschentücher;
es begleitet dich
auf deiner Reise,
es frißt dir aus dem Koffer,
aus dem Bett,
aus dem Nachttisch,
wie ein Vogel
aus der Hand,
vieles weg, –
nicht alles, nicht auf Ein Mal.
Mit achtzehn Tüchern,
stolzer Segler,
fuhrst du hinaus
aufs Meer der Fremde,
mit acht bis sieben
kehrst du zurück,
ein Gram der Hausfrau.

Ein modernes Märchen

I. Früchte der Bildung

Schränke öffnen sich allein,
Schränke klaffen auf und spein
Fräcke, Hosen aus und Kleider
nebst den Attributen beider.

Und sie wandeln in den Raum
wie ein sonderbarer Traum,
wehen hin und her und schreiten
ganz wie zu benutzten Zeiten.

Auf den Sofas, auf den Truhn
sieht man sitzen sie und ruhn,
auf den Sesseln, an den Tischen,
am Kamin und in den Nischen.

Seltsam sind sie anzuschaun,
kopflos, handlos, Männer, Fraun;
doch mit Recht verwundert jeden,
daß sie nicht ein Wörtlein reden.

Dieser Frack und jener Rock,
beide schweigen wie ein Stock,

lehnen ab, wie einst im Märchen,
sich zu rufen Franz und Klärchen.

Ohne Mund entsteht kein Ton,
lernten sie als Kinder schon:
Und so reden Wams und Weste
lediglich in stummer Geste.

Ein Uhr schlägts, die Schränke schrein:
„Kommt, und mög euch Gott verzeihn!"
Krachend fliegen zu die Flügel,
und – nur eins hängt nicht am Bügel!

Im Reich der Interpunktionen

Im Reich der Interpunktionen
nicht fürder goldner Friede prunkt:

Die Semikolons werden Drohnen
genannt von Beistrich und von Punkt.

Es bildet sich zur selben Stund
ein Antisemikolonbund.

Die einzigen, die stumm entweichen
(wie immer), sind die Fragezeichen.

Die Semikolons, die sehr jammern,
umstellt man mit geschwungnen Klammern

und setzt die so gefangnen Wesen
noch obendrein in Parenthesen.

Das Minuszeichen naht, und – schwapp!
da zieht es sie vom Leben ab.

Kopfschüttelnd blicken auf die Leichen
die heimgekehrten Fragezeichen.

Doch, wehe! neuer Kampf sich schürzt:
Gedankenstrich auf Komma stürzt –

und fährt ihm schneidend durch den Hals,
bis dieser gleich – und ebenfalls

(wie jener mörderisch bezweckt)
als Strichpunkt das Gefild bedeckt! ...

Stumm trägt man auf den Totengarten
die Semikolons beider Arten.

Was übrig von Gedankenstrichen,
kommt schwarz und schweigsam nachgeschlichen.

Das Ausrufszeichen hält die Predigt;
das Kolon dient ihm als Adjunkt.

Dann, jeder Kommaform entledigt,
stapft heimwärts man, Strich, Punkt, Strich,
Punkt ...

Der Gingganz

Ein Stiefel wandern und sein Knecht
von Knickebühl gen Entenbrecht.

Urplötzlich auf dem Felde drauß
begehrt der Stiefel: „Zieh mich aus!"

Der Knecht drauf: „Es ist nicht an dem;
doch sagt mir, lieber Herre, –!: Wem?"

Dem Stiefel gibt es einen Ruck:
„Fürwahr, beim heiligen Nepomuk,

ich GING GANZ in Gedanken hin ...
Du weißt, daß ich ein andrer bin,

seitdem ich meinen Herrn verlor ..."
Der Knecht wirft beide Arm empor,

als wollt er sagen: „Laß doch, laß!"
Und weiter zieht das Paar fürbaß.

7
8
9

Vormittag am Strand

Es war ein solcher Vormittag,
wo man die Fische singen hörte;
kein Lüftchen lief, kein Stimmchen störte,
kein Wellchen wölbte sich zum Schlag.

Nur sie, die Fische, brachen leis
der weit und breiten Stille Siegel
und sangen millionenweis
dicht unter dem durchsonnten Spiegel.

Segelfahrt

Nun sänftigt sich die Seele wieder
und atmet mit dem blauen Tag,
und durch die auferstandnen Glieder
pocht frischen Bluts erstarkter Schlag.

Wir sitzen plaudernd Seit an Seite
und fühlen unser Herz vereint;
gewaltig strebt das Boot ins Weite,
und wir, wir ahnen, was es meint.

Wenn es Winter wird

Der See hat eine Haut bekommen,
so daß man fast drauf gehen kann,
und kommt ein großer Fisch geschwommen,
so stößt er mit der Nase an.

Und nimmst du einen Kieselstein
und wirfst ihn drauf, so macht es klirr
und titscher – titscher – titscher – dirr . . .
Heißa, du lustiger Kieselstein!
Er zwitschert wie ein Vögelein
und tut als wie ein Schwälblein fliegen –
doch endlich bleibt mein Kieselstein
ganz weit, ganz weit auf dem See draußen liegen.

Da kommen die Fische haufenweis
und schaun durch das klare Fenster von Eis
und denken, der Stein wär etwas zum Essen;
doch sosehr sie die Nase ans Eis auch pressen,
das Eis ist zu dick, das Eis ist zu alt,
sie machen sich nur die Nasen kalt.

Aber bald, aber bald
werden wir selbst auf eignen Sohlen
hinausgehn können und den Stein wiederholen.

Denkmalswunsch

Setze mir ein Denkmal, cher,
ganz aus Zucker, tief im Meer.

Ein Süßwassersee, zwar kurz,
werd ich dann nach meinem Sturz;

doch so lang, daß Fische, hundert,
nehmen einen Schluck verwundert. –

Diese ißt in Hamburg und
Bremen dann des Menschen Mund. –

Wiederum in eure Kreise
komm ich so auf gute Weise,

während, werd ich Stein und Erz,
nur ein Vogel seinen Sterz

oder gar ein Mensch von Wert
seinen Witz auf mich entleert.

An meine Taschenuhr

Du schlimme Uhr, du gehst mir viel zu schnell;
und doch – dich schauend, seh ich selber hell.
Unschuldig Räderwerk, was schelt ich dich?
Ich geh zu langsam, ach zu langsam – ich.

4 23 22 21 20
18 17 16 15 13 12

Die unmögliche Tatsache

Palmström, etwas schon an Jahren,
wird an einer Straßenbeuge
und von einem Kraftfahrzeuge
überfahren.

„Wie war“ (spricht er, sich erhebend
und entschlossen weiterlebend)
„möglich, wie dies Unglück, ja –:
daß es überhaupt geschah?

Ist die Staatskunst anzuklagen
in bezug auf Kraftfahrwagen?
Gab die Polizeivorschrift
hier dem Fahrer freie Trift?

Oder war vielmehr verboten,
hier Lebendige zu Toten
umzuwandeln, – kurz und schlicht:
Durfte hier der Kutscher nicht –?“

Eingehüllt in feuchte Tücher,
prüft er die Gesetzesbücher
und ist alsobald im klaren:
Wagen durften dort nicht fahren!

Und er kommt zu dem Ergebnis:
„Nur ein Traum war das Erlebnis.
Weil“, so schließt er messerscharf,
„nicht sein kann, was nicht sein darf.“

Unter Zeiten

Das Perfekt und das Imperfekt
  tranken Sekt.
Sie stießen aufs Futurum an
(was man wohl gelten lassen kann).

Plusquamper und Exaktfutur
  blinzten nur.

Inhalt

Der Schnupfen 5
Palmström 6
Der Träumer 7
Bahn frei! 8
Die wirklich praktischen Leute 10
Der Ästhet 12
Herr Meier 14
Wenn von links mich Feld und Dickicht riefe 15
Die drei Spatzen 16
Die Enten laufen Schlittschuh 17
Mägde am Sonnabend 18
Kronprätendenten 19
Die Vogelscheuche 20
Das Geierlamm 22
Die Behörde 24
Die Windhosen 26
Die Nabelschnur 27
Der fromme Riese 28
Fips 30
Das Polizeipferd 31
Korfs Verzauberung 32
Ausflug mit der Eisenbahn 34
Das Nasobēm 36
Der Papagei 38

Von dem großen Elefanten 39
Anto-logie 40
Auf dem Fliegenplaneten 42
Der Sperling und das Känguruh 43
Waldmärchen 44
Das Auge der Maus 45
Der Leu 46
Der Werwolf 48
Km 21 50
Der Zwölf-Elf 51
Nachtbild 53
Galgenbruders Lied an Sophie, die Henkersmaid 54
Nein! 55
Der Rabe Ralf 56
Die Trichter 57
Das Mondschaf 58
Himmel und Erde 59
Der Mond 60
Das ästhetische Wiesel 61
Das Problem 62
Igel und Agel 63
Der Sündfloh 64
Die beiden Esel 66
Bim, Bam, Bum 67
Der Seufzer 68
Kleine Geschichte 69
Eine Stimmung aus dem vierten Kreis 70
Die zwei Parallelen 71
Die Nähe 72
Das Hemmed 74

Die Lämmerwolke 75
Der Lattenzaun 76
Die zwei Wurzeln 77
Das Löwenreh 78
Entwurf zu einem Trauerspiele 79
Die Tagnachtlampe 80
Die zwei Turmuhren 82
Nach Norden 83
Zukunftssorgen 84
Der Schaukelstuhl auf der verlassenen Terrasse 86
Das Knie 87
Möwenlied 88
Gleichnis 90
Erntelied 91
Steine statt Brot 92
Die Zirbelkiefer 93
Scholastikerprobleme 94
Muhme Kunkel 96
Der Papagei 97
Das Warenhaus 98
Die Brille 100
Sprachstudien 101
Die Mittagszeitung 102
Der Gaul 104
Die Mausefalle 106
Das Huhn 109
Das Butterbrotpapier 110
Philantropisch 113
Der Hecht 114
Die Unterhose 115

Der Droschkengaul 116
Die Lampe 118
Es pfeift der Wind ... 119
Gespräch einer Hausschnecke mit sich selbst 120
Der Vergeß 122
Gespenst 123
Ein modernes Märchen 124
Im Reich der Interpunktionen 126
Der Gingganz 128
Vormittag am Strand 130
Segelfahrt 131
Wenn es Winter wird 132
Denkmalswunsch 133
An meine Taschenuhr 134
Die unmögliche Tatsache 136
Unter Zeiten 138